Kleine Meditationen für Frauen

ZEIT FÜR SICH FINDEN

Ellen Sue Stern

ZEIT FÜR SICH FINDEN

Fotografien von
Lisa Schäublin

SCHERZ

Engel können fliegen, weil sie sich selbst *leicht nehmen.*

G. K. Chesterton

Erwartungen sind unsere schlimmsten Feinde. Wir setzen uns unerreichbare Ziele, und es ist unvermeidlich, dass wir sie verfehlen und uns dann als Versager vorkommen. Kein Mensch erwartet von uns, dass wir perfekt sind – außer wir selber.

Und ich arbeite Tag und Nacht daran,
gut aussehend, gesund
und gescheit zu sein. Und bewundert.
Und zufrieden. Und tapfer. Und belesen.
Und eine fabelhafte Gastgeberin,
phantastisch im Bett, und zweisprachig,
sportlich, kunstsinnig … Ach, könnte mir
nicht bitte jemand Einhalt gebieten?

Judith Viorst

Es ist einfacher, wenn ich das selber mache.» Das ist ein weit verbreiteter Kriegsruf von Frauen. Es ist in der Tat einfacher, etwas selber zu machen, als darauf zu warten, dass jemand anders es tut, oder anderen beizubringen, wie man etwas macht. Aber wenn wir einen Teil unserer Verantwortung abgeben, werden wir dafür frei, uns auf das zu konzentrieren, was wirklich wichtig ist.

Die besten Dinge geschehen, wenn man am wenigsten damit rechnet, wenn sie nicht auf der Tagesordnung stehen. Wir tauschen die irrige Vorstellung, alles selber zu lenken, ein gegen die Überraschung. Alles geschieht zu seiner Zeit. Genau, wie es bestimmt wurde.

Wie ist die moderne Frau?
Sie fällt weder in Ohnmacht,
noch versinkt sie in Melancholie.
Ihr Preis ist höher als der von Rubinen.
Und sie ist unentwegt in *Eile*.

Norma Rosen

Wir sind immer in Eile, und wir treiben andere zur Eile an. Wenn jeder sich nur ein bisschen schneller bewegen würde, wäre die Welt besser dran. Natürlich gäbe es auch mehr verbeulte Kotflügel, mehr gehetzte Kinder, mehr Fehler bei der Arbeit … Schneller ist eben nicht immer besser.

Mehrmals etwas zu versuchen macht uns nervös, und wir werden ganz kribbelig, ob wir auch schnell genug vorwärts kommen oder genug leisten. Kreativität aber stellt sich nur ein, wenn wir entspannt sind. Dann kann schöpferische Energie uns frei und mühelos durchströmen.

Es ist besser, etwas weniger zu wollen und es dann mehr auszukosten. Um wirklich in den vollen Genuss zu kommen, sollten wir unsere Eile mäßigen, damit wir unsere Erfahrungen auch verdauen können.

Wenn wir nicht aufhören können zu rennen, dann rennen wir wahrscheinlich vor etwas davon. Es braucht Mut, still zu sein und auf seine leise innere Stimme zu horchen.

Jeden Tag werde ich mir fortan eine Viertelstunde Zeit nehmen, um auszuruhen und nachzudenken.

Ich glaube, der liebe Gott wird stocksauer, wenn du irgendwo an einem leuchtend roten Feld vorbeigehst und die *Farbe* überhaupt nicht siehst.

Alice Walker

Meine Ängste zerstreuen sich, wenn ich mit den Füßen fest auf dem Boden stehe und mein Blick auf den Horizont geheftet ist. Ich atme tief, blicke dankbar um mich und kehre zurück zu meiner Arbeit. Das Schöne liegt so nah – gleich vor meiner Haustür.

Wir sehnen uns danach, Zeit für Müßiggang zu haben. Stattdessen werden auch die Erholungspausen zwischen andere Verabredungen gezwängt. Aber wir sind selber für unseren Kalender verantwortlich. Es liegt nur an uns, auch Zeiten frei zu lassen, um Atem zu schöpfen.

Wir wissen oft nicht, wann wir aufhören sollten, erkennen die drohende Gefahr nicht. Niemand wird uns einen Orden dafür verleihen, dass wir uns bis zum Zusammenbruch verausgabt haben. Die Verantwortung liegt einzig und allein bei uns, dass wir unser Tempo mäßigen und wissen, wann wir aufhören müssen.

Wie wäre es, wenn wir einmal zehn Minuten lang gar nichts täten? Oder eine Stunde? Einen ganzen Tag? Was würden wir wohl über uns selbst entdecken?

Mach den Versuch, zehn Minuten ganz still zu sein, nur um zu sehen, was für ein Gefühl es ist.

Lieber sich *biegen* als brechen.

Schwedisches Sprichwort

Entgegen der landläufigen Meinung beweist völlige Erschöpfung nichts anderes, als dass wir unsere Kräfte verausgabt haben. Innerer Friede ist das einzig sichere Anzeichen dafür, dass wir unsere Kräfte richtig, gezielt eingesetzt haben.

Das wirkliche Leben ist eine endlose Folge von Kompromissen. Es ist einfach nicht möglich, alles zu haben. Es ist aber sehr wohl möglich, ein gewisses Maß an Frieden zu finden, wenn wir uns für das entscheiden, was unserer innersten Überzeugung nach wirklich wertvoll ist.

Inneres Gleichgewicht gewinnen wir nur dann, wenn wir uns selbst gegenüber zugeben, ganz normale Menschen zu sein – uns weder für großartig noch für minderwertig halten; uns weder einbilden, für die Behebung aller Übel zuständig zu sein, noch glauben, wir seien unfähig, auch nur irgendetwas richtig zu machen.

Uns selbst zu lieben ist eine tägliche Schulung. Es bedeutet, dass wir bedingungslos zu unseren Leistungen stehen, ohne sie in irgendeiner Weise zu bewerten. Und ohne eine Belohnung zu erwarten.

Wage es, eine gute Meinung von dir zu haben.

Sag einfach *nein!*

Nancy Reagan

Regel Nummer 1 für die Gesundung der unentbehrlichen Frau:
Prioritäten setzen. Was kann warten?
Was kann ich delegieren? Was braucht
nicht getan zu werden? Was ist für
mich im Leben das Wichtigste?
Wenn du weißt, was wichtig ist,
dann ergeben sich die Prioritäten
von Tag zu Tag von selber.

Es ist schön, gebraucht zu werden, aber es ist noch schöner, zu wissen, dass unsere Freunde und Kinder unsere Gesellschaft suchen, weil sie uns lieben, nicht weil sie ohne uns nicht leben können.

Wenn niemand weiß, dass wir Hilfe brauchen, wird auch niemand uns zu Hilfe kommen. Wir haben panische Angst, uns eine Blöße zu geben. Dabei wären wir überrascht zu erfahren, wie liebevoll und hilfreich Mitmenschen sein können, wenn wir ihnen unsere wahren Gefühle zeigen – auch unsere Erschöpfung.

Die unentbehrliche Frau wird auf ihrem Totenbett noch die Sitzordnung für ihre Begräbnisfeier bestimmen. Wir können im Leben anderer eine Rolle spielen, aber es kommt uns teuer zu stehen, wenn wir uns anmaßen, auch Regie zu führen.

Du bist für dich verantwortlich. Die anderen sind für sich selber verantwortlich.

Zeige dich der Welt *so, wie du bist*, nicht wie du glaubst, dass du sein solltest, denn früher oder später wirst du die Pose vergessen – und wo bist du dann?

Fanny Brice

Es gibt auf der Welt keine Möglichkeit, allen Leuten zu gefallen. Wenn wir in erster Linie versuchen, es uns selbst recht zu machen, dann werden wir automatisch das Richtige tun.

Uns Frauen fehlt oft etwas ganz Wichtiges: die Fähigkeit, uns selbst wenigstens ebenso hoch einzuschätzen wie die anderen. Zuerst an sich selbst zu denken ist nicht egoistisch. Es ist vielmehr eine Notwendigkeit, damit wir unsere Kräfte bewusst sammeln und in eine bestimmte Richtung lenken können.

Wir können mit anderen Menschen leiden und uns mit ihnen freuen. Wenn ihre Verfassung sich jedoch so stark auf unsere eigene Stimmung auswirkt, dass sie uns den Tag verschönert oder vergällt, dann heißt das, wir sind viel zu sehr in das Leben anderer verwickelt und schenken unserem eigenen nicht genügend Beachtung.

Du verdrängst die Liebe aus deinem Leben, wenn du dir selber und anderen nicht die Wahrheit sagst, wer du bist und was du nötig hast.

Barbara De Angelis

Wenn man doch nur zwei *Leben* haben könnte! Das erste, in dem man seine Fehler macht… und das zweite, in dem man aus ihnen gelernt hat.

D. H. Lawrence

Wenn dir etwas nicht auf Anhieb gelingt, lies die Gebrauchsanweisung! Gebrauchsanweisungen oder der Tipp einer guten Freundin helfen uns, mit dem geringsten Kraftaufwand das beste Ergebnis zu erzielen. Warum sollten wir also das Rad neu erfinden? In Zukunft werde ich Gebrauchsanweisungen nicht einfach wegwerfen.

Das Leben an sich ist schon Belohnung. Wenn wir aber unseren Blick immer nur auf das Endziel richten, auf das Ergebnis, statt auf den Weg dorthin, dann vergessen wir das Beste am Leben – nämlich zu leben.

Wir können – und müssen! – immer etwas wagen, wenn wir etwas erreichen wollen. Je mehr wir uns zutrauen, je mehr wir unsere Schultern straffen und unsere besten Kräfte einsetzen, desto größer ist unsere Aussicht, das zu bekommen, was wir wollten. Man kann Zweifel haben und dennoch positiv eingestellt sein.

Wir müssen im Leben nach den Sternen greifen, mit aller Leidenschaft. Glücklichsein ist unser angeborenes Recht. Stattdessen aber läuft es darauf hinaus, dass wir uns verzetteln. Wie wissen wir noch, was uns glücklich machen würde? Indem wir den «Lärmpegel» herabsetzen, damit wir hören können, was das Herz uns sagt.

Wenn wir uns *keine Sorgen* machten, hätten die meisten von uns das Gefühl, gar nicht lebendig zu sein.

Jiddum Krishnamurti

Mindestens fünfzig Prozent dessen, was dich belastet, ist nicht eingetroffen und wird es wahrscheinlich auch nicht tun. Entlaste dich, indem du die ganze Kategorie «vorweggenommener Stress» über Bord wirfst. Was geschehen soll, wird sowieso geschehen.

Wir können Selbstzweifel überwinden, indem wir unsere Zuversicht stärken. Echte Zuversicht, die nicht auf Waghalsigkeit beruht, sondern auf Selbstachtung, muss ein Leben lang erstrebt werden, indem wir uns sagen: Ich kann es.

Glaube niemals, dass du nicht genug tust. Nur schon den Überblick nicht zu verlieren kann einen den ganzen Tag in Trab halten.

Was nützt uns eine gesparte Viertelstunde, wenn wir sie damit verbracht haben, uns Sorgen zu machen? Schließe die Augen und vergegenwärtige dir die drei wichtigsten Dinge in deinem Leben. Nimmst du dir Zeit für sie? Wenn nicht, dann fange jetzt gleich damit an!

W*arten* ist nicht einfach leeres Hoffen. Es enthält die innere Gewissheit, ans Ziel zu gelangen.

I Ging

Wir können nicht immer sofort greifbare Resultate unserer Bemühungen erwarten. Wahres Wachstum braucht Zeit, gleich dem gefrorenen Boden, der nur langsam auftaut. Warten zu können ist eine große Herausforderung. Es ist eine tägliche Disziplinübung.

Es ist beruhigend, zu wissen, dass wir eine freie Wahl haben. Das Wissen, dass wir unter vielen Möglichkeiten wählen können, gibt uns ein befreiendes Gefühl, so dass wir das, was wir machen, mit mehr Gelassenheit tun können. Jeden Tag wägen wir aufs Neue ab. Wenn unsere Wahl immer noch richtig ist – auch morgen und übermorgen –, dann ist es gut.

Weisheit ist, zu lernen, worüber wir hinwegsehen können», sagt William James. In kleinen Dingen großzügig zu sein heißt nicht, dass wir unserer Aufgabe nicht gewachsen wären. Wir sparen unser Können lediglich für die Fälle auf, wo es wirklich gebraucht wird.

Frauen, die sich für unentbehrlich halten, glauben, dass Warten gleichbedeutend sei mit Zeitverschwendung. Wer sich erlaubt, in Ruhe zu warten, macht sich damit ein riesengroßes Geschenk: die Gabe der Zuversicht.

Es ist nicht von Bedeutung,
wie *langsam* du gehst,
solange du nicht stehen bleibst.

Konfuzius

Versuchen wir einmal, unser Tempo zu verlangsamen. Wir können etwas weniger energisch bei der Arbeit sein, zurückhaltender, wenn es darum geht, uns mit anderen Menschen zu treffen, bedächtiger beim Treffen wichtiger Entscheidungen. Wir dürfen ruhig unseren Schritt einmal verlangsamen. Solange wir nicht stehen bleiben, besteht kein Grund zur Sorge.

Es wird Zeit, dass wir damit aufhören, uns andauernd herunterzumachen, unser Versagen wie einen dicken Wintermantel mit uns herumzuschleppen. Wir hätten gar nichts anders machen können, denn sonst hätten wir es getan! Wir waren so, wie wir damals waren. Jetzt sind wir so, wie wir heute sind.

Für unentbehrliche Frauen ist Zeit die wertvollste Errungenschaft. Wir haben nie genug davon. In Wirklichkeit hat die Zeit keinen konkreten Wert. Sie kann weder gespart noch vergeudet werden. Sie ist einfach da. Und jede hat die Menge davon, die sie braucht.

Zeit ist etwas Relatives. An uns liegt es, das Beste aus unserer Zeit zu machen. Und nicht mehr so zu leben, als ob die Stoppuhr liefe. Denn es wird auch ohne alles erledigt werden.

Zweite Auflage 2000
Die Texte stammen aus Ellen Sue Stern:
«Loslassen und Atem schöpfen»